LOS BEBÉS DE LA SELVA

# LOS OSOS PEREZOSOS BEBÉS

por Genevieve Nilsen



## TABLA DE CONTENIDO

tadpole en español

# PALABRAS A SABER

árbol

bebé

come

duerme

garras

se cuelga

# LOS OSOS PEREZOSOS BEBÉS

¡Este es un oso perezoso bebé!

# Se queda con mamá.

Ellos viven
en un árbol.

Se cuelga.

Las garras le ayudan.

Se mueve lentamente.

Come.

Duerme.

¡Crece!

# ¡REPASEMOS!

**¿Qué está haciendo este oso perezoso bebé?**

# ÍNDICE